I0568569

FLOWCODE

PRIVACY.FLOWCODE.COM

ESKANE

pou
liv elektwonik anime,
fich vokabilè,
kesyon konpreyansyon,
paj pou kolore,
egzèsis pratik,
epi plis toujou

SCAN

for
Animated Audio eBook,
Vocabulary Cards,
Comprehension Questions,
Coloring Pages,
Practical Exercises
and more

FÈ KONESANS AK PÈSONAJ NAN SERI LIV NOU YO !

pi bon zanmi
best friends

PETRA

LILI

frè ak sè
siblings

kouzen
cousins

DANI

POLO

best friends
pi bon zanmi

MEET OUR CHARACTERS THROUGHOUT OUR SERIES!

La Petite Pétra™

PWOGRAM BILENG
POU TIMOUN

BILINGUAL PROGRAMS
FOR KIDS

5 IDIOMAS
Lòt lang disponib sou kòmann espesyal

5 LANGUAGES
Customized languages available on special orders

LIV LA MENM	PHYSICAL BOOKS
LIV ELEKTWONIK ANIME	ANIMATED AUDIO EBOOKS
FICH VOKABILÈ	VOCABULARY FLASHCARDS
PAJ POU KOLORE	COLORING SHEETS
KESYON KONPREYANSYON	COMPREHENSION QUESTIONS
EGZÈSIS PRATIK	PRACTICAL EXERCISES
EPI PLIS TOUJOU	AND MORE

SERI LIV BAZ POU REYISIT

Baz pou reyisit se yon seri liv ki mete aksan sou kapasite pou timoun kontwole emosyon yo epi ki fèt pou akonpaye devlopman sosyo-emosyonèl timoun byen bonè.

Se yon apwòch byen òganize ki bay edikatè zouti pou yo anseye timoun konpetans fondamantal ki pral ede yo bati yon lavi ranpli ak siksè.

Yo anseye tout leson atravè istwa reyèl timoun ka konprann. Chak liv vini ak egzèsis pratik epi ak lòt materyèl an plis ki ede timoun konekte leson an ak pwòp vi yo ak sikonstans pa yo.

Men kèk egzanp tèm ki nan seri sa a :

- Devwe pou aprann
- Leve defi pou fè pogrè
- Gen gwo objektif ak gran rèv
- Enpòtans pou pran anpil mezi
- Konprann lwa kadans lavi a
- Pèseverans
- Regilarite
- Aprann defann tèt ou
- Lidèchip pèsonèl
- Prensip plis ou bay plis ou resevwa
- Pouvwa panse nou yo
- Aprann jere lajan

FOUNDATIONS FOR SUCCESS SERIES

Foundations for Success is a series focused on self-management and designed to accompany the early socio-emotional development of children.

It is a structured approach that gives educators the tools to teach children the foundational skills that will assist them in building a successful life.

All lessons are taught through real life stories to which children can relate. Each book comes with practical exercises and additional materials that help the child connect the lesson to their own life and circumstances.

Examples of themes covered in this series:

- Dedication to learning
- Embracing challenges
- Having big goals and dreams
- The importance of taking massive action
- The law of rhythm of life
- Perseverance
- Consistency
- Standing up for oneself
- 'Me leadership'
- The law of circulation
- The power of thoughts
- Financial literacy

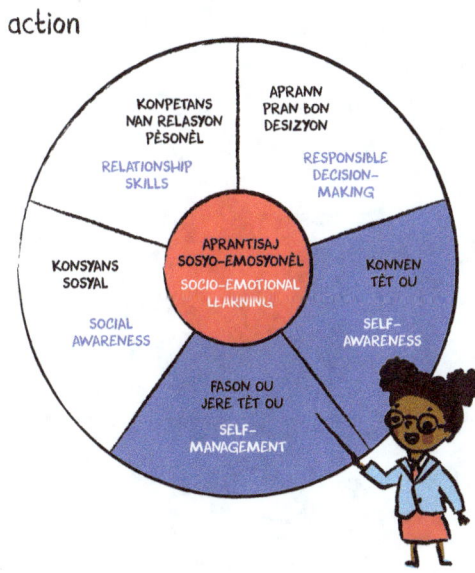

Publisher's Cataloging-In-Publication Data
(Prepared by Xponential Learning, Inc.)
Names: Krystel Armand, author I Oksana Vynokurova, illustrator.
Title: Baz pou reyisit = Foundations for Success
Krystel Armand ; illustrated by Oksana Vynokurova.
Other Titles: Baz pou reyisit I Foundations for Success
Description: [Miami, Florida] : Xponential Learning Inc, 2022. I Series: La Petite Pétra I Bilingual. Haitian French
Creole and English. I Interest age level: 005-009. I Summary: 'We are not born with a right to be successful.
People gain success by learning and putting into application key skills and principles of success. Friends, Petra and
Polo, with some help from their parents, discover they can learn the roadmap to having successful
lives!'--Provided by publisher.

First Publication: November 2022
XPONENTIAL LEARNING INC
Copyright © 2022 Krystel Armand

All rights reserved. No part of this publication may be reproduced, distributed, or transmitted in any form or by
any means, including photocopying, recording, or other electronic or mechanical methods, without the prior
written permission of the publisher, except in the case of brief quotations embodied in critical reviews and
certain other noncommercial uses permitted by copyright law.

La Petite Pétra™
BAZ POU REYISIT

Foundations for Success

Otè / Author   Krystel Armand

Ilistratè / Illustrator   Oksana Vynokurova

Mwenmenm, m ap vin yon gran
jwè foutbòl ki koni anpil !
M ap gen anpil siksè, Petra.

And me, I'll be a famous
soccer player! I'm going
to be successful, Petra.

9

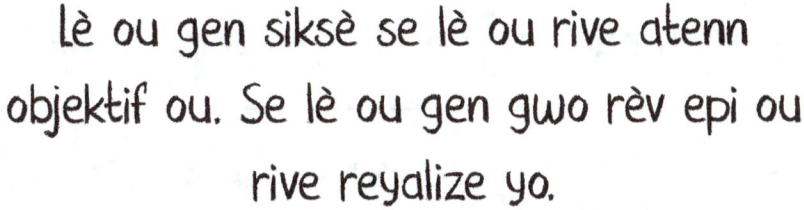

Lè ou gen siksè se lè ou rive atenn objektif ou. Se lè ou gen gwo rèv epi ou rive reyalize yo.

Being successful is when you set goals and reach them. It is having big dreams and realizing those dreams.

Se pa yon kesyon de chans non. Fò w toujou konpòte w byen epi aprann ladrès ki nesesè pou w kab gen siksè.

It's not about luck. You must act the right way and develop the skills to be successful.

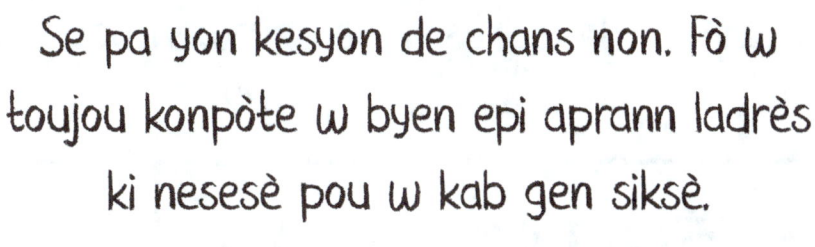

15

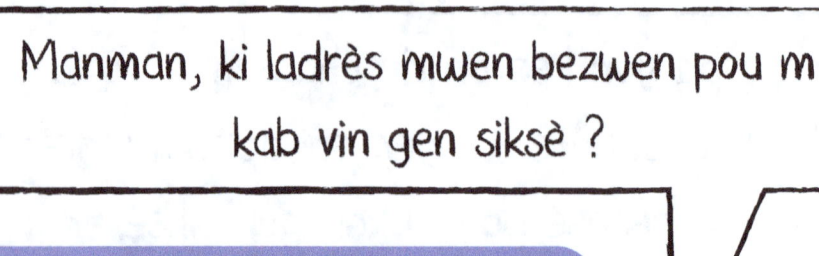

19

21

Fò w konprann jan sa enpòtan pou w toujou panse ou ka reyalize nenpòt bagay. Epi devlope « ladrès pèsonèl kòm lidè » pou w kab ede lòt moun.

And you must understand the magic of having a 'can do' attitude. And develop 'Me leadership' skills to help others.

Ohhhh ! Mwen vle aprann tout bagay sa yo !

Ohhhh! I want to learn all that!

Fò w aprann tou jan sa enpòtan pou w pran yon angajman, Petra.

You must learn the important role of commitment, Petra.

Ki sa sa ye, manman ?

What's that, Mom?

Kouman sa fè posib ?

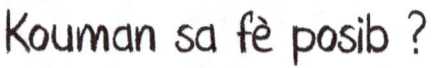
How's that even possible?

Siksè vle di ou pa janm sispann eseye. Nan lavi a gen de fwa sa ap byen mache gen de fwa sa p ap byen mache. Sèl lè w ap fè fayit se lè w sispann eseye.

Success means you keep trying. You'll have ups and downs in the rhythm of life. But you'll only fail if you stop trying.

27

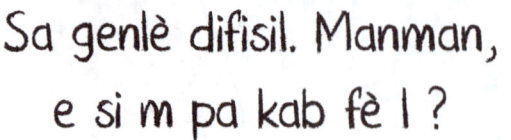

Sa genlè difisil. Manman, e si m pa kab fè l ?

That sounds hard. What if I can't do it, Mom?

Papa, ki sa ankò pou m aprann pou m kab gen siksè ?

What else do I need to learn for being successful, Dad?

Aprann jan sa enpòtan pou w konn defann tèt ou, aprann rezoud poblèm, epi montre jan ou gen kouraj...

learn the importance of standing up for yourself, being a problem solver, and showing courage...

Gen anpil bagay pou m aprann ! Èske w panse m ap kab fè tout bagay sa yo ?

That's so much to learn! Do you think I'll be able to do all those things?

Pami efò pou moun gen siksè, yo dwe pran anpil bon jan desizyon pou yo kab jwenn gwo rezilta.

Part of being successful means taking massive action to get great results.

Pa gen poblèm ! Mwen pral ede w ranmase tout ladrès ki nesesè pou w kab reyalize nenpòt sa ou vle nan lavi a.

Absolutely! I'll help you gain the skills to become anything you want in life.

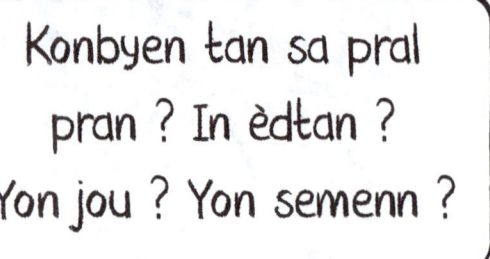

How long is it going to take? One hour? One day? One week?

Oh, ti Petra pa m nan... pran pasyans; bay semans siksè yo chans pou yo grandi.

My little Petra...be patient as the seeds of success germinate.

37

Ou vle di siksè se yon semans li ye ?

Se tankou yon semans ki plante anndan w. Se tankou yon flè ki bezwen swen pou l grandi, nou va pran swen semans siksè sa a ki anndan w lan.

You mean success is a seed?

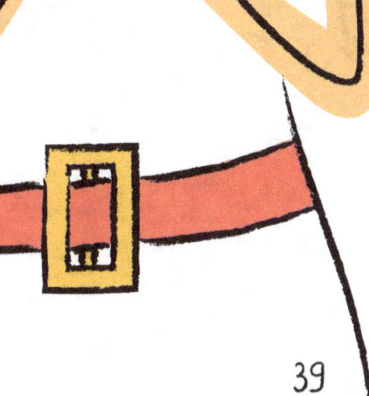

It's like a seed in you. Just like a flower that needs care to bloom, we'll care for that seed of success in you.

39

Zanmi nou yo, vin mache avè
nou sou pakou siksè a !

Friends, join us on the journey
to success!

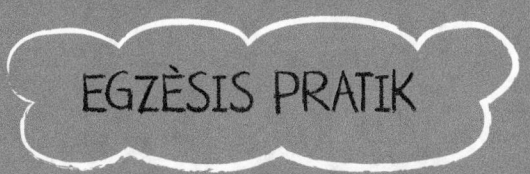

EGZÈSIS PRATIK

Dapre liv la, èske siksè se yon moun fèt avè l, oswa se yon bagay tout moun ka aprann ?

Èske w vle aprann ladrès pou w gen siksè ?

Bay 3 ladrès yo mansyone nan liv la ou vle amelyore nan lavi ou ?

PRACTICAL EXERCISES

According to the book, is being successful something we are born with, or is it something everyone can learn?

Are you willing to learn the skills to become successful?

What are 3 skills mentioned in the book that you want to improve in your own life?

siksè

success

objektif

goal

rive

to reach

rèv

dream

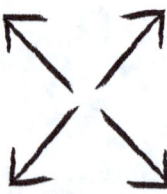

gwo

big

piti

small

konpetans

skills

pouvwa

power

panse

thoughts

lidèchip

leadership

echèk

failure

defi

challenge

finansye

financial

grenn

seed

vwayaj

journey

KONSÈY POU EDIKATÈ

Si siksè se pa yon bagay moun fèt avè l, epi si gen yon plan pou mou rive gen siksè, se devwa nou ak responsablite nou kòm edikatè pou n aprann timoun nou yo plan sa a.

EDUCATOR'S TIPS

If being successful is not a birthright and if there is a roadmap to being successful, then it is our duty and responsibility as educators to teach this roadmap to our children.

LÒT SERI

Liv bileng nou yo genyen plizyè nivo lekti, plizyè lang ak plizyè sijè tankou :

Seri Dekouvèt Ayiti, ki fèt pou timoun yo aprann dekouvri diferan pati nan peyi d Ayiti ak divès aspè nan kilti ayisyen tankou chante tradisyonèl ayisyen.

Seri Konsèp Debaz yo, ki fèt pou timoun aprann tout konsèp debaz syantifik yo (tankou koulè, aprann konte, fòm) nan lang manman yo epi tou nan lang y ap eseye aprann nan.

Seri istwa pou timoun li lè yo pral dòmi, ki genyen plizyè istwa kout pou ede timoun fè egzèsis konpetans bileng yo.

Seri epòk KOVID-19 la, ki fèt pou dokimante epòk KOVID-19 la, konprann sa li te ye ak ki jan sa afekte timoun nan kominote a.

SERI ISTWA POU TIMOUN LI LÈ YO PRAL DÒMI

BEDTIME STORIES SERIES

SERI KONSÈP DEBAZ

BASIC CONCEPTS SERIES

OTHER SERIES

Our bilingual books include various reading levels, languages and topics, such as:

The Haiti Discovery series, which is all about discovering different parts of Haiti and various aspects of the Haitian culture, including traditional Haitian songs.

The Basic Concepts series, which is all about learning basic STEM concepts (like colors, counting, shapes) in both the child's mother tongue and the target language.

Bedtime Story series, which includes various short stories to practice the child's bilingual skills.

The COVID-19 era series, which is all about documenting the COVID-19 era, understanding what it is and how it affects children in our community.

SERI DEKOUVÈT AYITI

HAITI DISCOVERY SERIES

   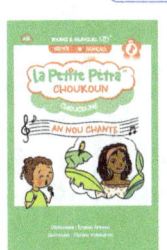 

SERI EPÒK KOVID-19 LA

COVID-19 ERA SERIES

www.ingramcontent.com/pod-product-compliance
Lightning Source LLC
Chambersburg PA
CBHW070947120626
46546CB00004B/1597